LA

DÉCENTRALISATION

KUNTZ DE ROUVAIRE

LA
DÉCENTRALISATION

HISTOIRE DE LA DÉCENTRALISATION
CE QUE C'EST QUE LA DÉCENTRALISATION
LA DÉCENTRALISATION AU POINT DE VUE DES INTÉRÊTS DE LA FRANCE
LA DÉCENTRALISATON AU POINT DE VUE DE PARIS
LA DÉCENTRALISATION
AU POINT DE VUE DES INTÉRÊTS DES GOUVERNEMENTS
CONCLUSION GÉNÉRALE
MARCHE ET PROGRÈS DE LA DÉCENTRALISATION FRANÇAISE

PARIS

A LA SOCIÉTÉ FRANÇAISE
FONDÉE POUR L'ÉMANCIPATION DES PROVINCES
18, RUE DE BUFFAULT, 18.

LYON	BORDEAUX	MARSEILLE	ROUEN	LILLE	TOULOUSE	MONTPELLIER	AMIENS

ET CHEZ LES LIBRAIRES DE FRANCE ET DES DEUX-MONDES

Les mots nouveaux effraient davantage les peuples, — que les systèmes dont ils sont les enfants. La Décentralisation a effrayé bon nombre d'hommes qui s'étaient formé l'idée qu'il s'agissait d'un démembrement complet..... Il s'agit au contraire de tout réunir sous une même loi, — de former des Provinces Françaises un faisceau civilisateur, — pour combattre la Centralisation. Nous osons dire que quand on nous aura lu, — la Décentralisation aura conquis ses lettres de noblesse, — car avec la vraie, la bonne Décentralisation, — on porte remède à tous les maux en général qui affligent notre époque. Beaucoup d'intelligences se rallieront à nous, — car elles comprendront qu'il y va de l'avenir de la France!...

Quand une dynastie se fonde ou qu'un principe politique reçoit sa sanction par l'avènement d'un chef du pouvoir, — celui-ci lance son manifeste, pour expliquer aux peuples qu'elles sont les améliorations, les vues, les idées du nouveau gouvernement. La Décentralisation au moment où elle va régner dans toute les intelligences et montrer son pouvoir, — public aujourd'hui son manifeste par notre faible plume! Ce n'est donc pas ici qu'on trouvera tous les développements qui montrent où elle veut aller, — ce qu'elle prétend réformer, — quels sont ses moyens d'actions, — mais dans les écrits des hommes qui la soutiennent. Ceci n'est que le flambeau qui éclaire la scène de la Décentralisation. Trop heureux si nous avons pu y montrer les horizons nouveaux de la Terre Promise!

— VII —

L'éducation des hommes et des femmes, — les admistrations publiques et particulières, — la polilique, l'agriculture, le commerce, l'industrie, les sciences, les arts, la littérature, les inventions, le barreau, la magistrature, — tout sera étudié par les écrivains de la Décentralisation,— et tout aura à gagné à son triomphe.....

Personnellement nous dévouerons tout ce que nous avons de force et d'ardeur, nos jours, nos veilles, nos travaux et notre existence toute entière — au triomphe de la Décentralisation française.

KUNTZ DE ROUVAIRE.

HISTOIRE

DE LA

DÉCENTRALISATION

LA DÉCENTRALISATION

HISTOIRE DE LA DÉCENTRALISATION

I

La Décentralisation !

Voilà un mot nouveau, — du moins une expression, que l'on veut donner comme nouvelle — mais qui est aussi ancienne que le monde !

Jésus-Christ quand il prêchait sur la terre, — sa religion d'amour, de mansuétude et de charité, — ne faisait-il pas de la Décentralisation humanitaire?... Ne voulait-il pas que les Gentils et les Pharisiens de son époque, — quittassent le royaume de l'erreur, — pour entrer dans son Eglise?... Ce changement de foi, — cette migration des âmes, — n'était-ce pas de la Décentralisation évangélique?...

Quand Jésus-Christ envoya ses apôtres évangéliser, le monde, — ceux-ci n'étaient-ils pas les propagateurs de la Décentralisation nouvelle, — de la plus grande, de la plus sublime des

Décentralisations, — celle de la religion chrétienne, — et partant celle de la Civilisation ?...

En revenant plus près de nous, — en Grèce, — la Décentralisation politique, littéraire et scientifique, — n'existait-elle pas depuis des siècles ? — Et quand elle disparut, — ce fut avec les ruines de cette terre classique du Grand et du Beau !

La plus grande nation de l'ancien monde, — Rome, — fut essentiellement Décentralisatrice. Elle portait ses conquêtes, son esprit et ses arts, — dans l'univers entier ! — Combien de monuments dans toute l'Europe, — et même en Afrique, — attestent encore aujourd'hui la Décentralisation romaine !

Les grands conquérants étaient à la vérité des centralisateurs du pouvoir, — mais ils décentralisaient l'esprit, les mœurs et la civilisation ! Pour nous, — la Décentralisation est là ! La France parviendrait-elle à régner sur le monde, — que la Décentralisation régnerait avec elle !...

Vous le voyez — la Décentralisation n'est pas une expression nouvelle, — nos pères en ont fondé la tradition dans l'histoire ; — c'est à nous à relever ce drapeau et à le porter plus haut que jamais, — en face des ennemis du Bien et de la Vérité !

Quand la France organisa l'établissement des communes, — c'était là la plus grande tentative de Décentralisation qui eut jamais été faite ! La

France — autrefois — se gouvernait par Province, — mais les Provinces elles-mêmes étaient de petits royaumes, — on vivait donc précédemment sous la *Centralisation* la plus complète.

Qu'en résultait-il ?

Il en résultait que les pouvoirs centralisés jetaient le trouble dans le royaume, — la force du Sud pouvait se mesurer avec celle du Nord, — et c'était alors la guerre civile en perspective. L'établissement des communes vint mettre ordre à cette anarchie. — Les pouvoirs divisés agirent mieux et avec plus de liberté, — et les guerres devinrent moins fréquentes dès que les Français obtinrent le droit de s'administrer eux-mêmes...

On sait qu'au siége de chaque Province, — était la force centralisée. Avant l'établissement des communes, — les citoyens ne connaissaient de leurs droits et de leurs devoirs, — que ce qu'ils en avaient appris eux-mêmes. On était peu conciliant et peu civilisateur alors. — Les échevins s'inquiétaient peu si les citoyens gémissaient sous le joug municipal, — ils centralisaient, — centralisaient, centralisaient toujours, — en parodiant le mot de Molière, qu'ils connaissaient avant lui : —

Centralisons, centralisons, il en restera toujours quelque chose !

De là cette tendance perverse, — à tout réunir dans une capitale, — dans un empire ou dans un monde !

Mais ce qui fit bien voir la puissance de la Décentralisation, — c'est assurément l'établissement des communes ! Les communes établies, — les capitales des Provinces eurent encore le même pouvoir de direction, — mais combien leur influence fut diminuée ! Combien leur prestige fut abattu ! Combien surtout leur existence fut atteinte par ce rayonnement de la lumière, — qui montre toujours les abus — partout où il se trouvent !...

Après l'établissement des communes, — la Décentralisation existait à l'état progressif. Moulée sur la Décentralisation de l'Orient, de la Grèce et de Rome, — elle allait prendre son essor et marcher définitivement dans la voie du succès ! On l'a vue à l'œuvre depuis cette époque. Chaque siècle les communes sont devenues plus puissantes et plus éclairées. Il arrivera même un jour où, — maîtresses de leurs destinées, — elles feront la paix ou la guerre, — le progrès ou la décadence à leur gré, — car elles seront libres!...

Sans la Décentralisation des communes, — aurions-nous aujourd'hui nos lois communales et rurales, — aurions-nous nos magistrats tutélaires, — qui sont des pères pour leurs administrés? Serions-nous capables de traiter nos affaires nous-mêmes, et sans sortir de la région de notre Province?... Puis ces servages odieux qui nous mettaient à la merci du seigneur, — n'étaient-il pas le fruit de la centralisation?... — La Décentralisation, en pénétrant partout, — en projetant dans tous les lieux sa vive et éclatante lumière, — n'a-t-elle pas fait naître la Civilisation, le Progrès, la Justice et l'Equité; — et partant, — n'a-t-elle pas renversé les adversaires de l'humanité, — en refoulant leurs pouvoirs iniques, — en guérissant les plaies sociales, — et surtout en renversant tous les abus?...

L'émancipation des communes, — fut une ère de bien-être et de bonheur pour la France! Le corps social était étendu sur le lit de Procuste. Il ne pouvait grandir, — ses mouvements étaient gênés par le rivet des chaînes! Quand il voulait faire un effort, — il retombait anéanti sous le poids de ses fers! Il était à la question! Mais vint l'établissement des communes, — et alors les chaînes furent brisées, — le lit de Procuste fut allongé aux deux bouts, — et désormais la France pouvait renaître et grandir! Elle grandit si bien qu'elle est devenue la première des nations de l'univers, — après n'avoir été qu'un troupeau d'esclaves !...

Voilà pourtant ce que nous devons à l'esprit de la Décentralisation. Avouons qu'on ne se doute guère de la dette de reconnaissance qu'on lui doit, — quand on l'attaque aussi injustement, — car personne n'ignore, avec quel ridicule et quelle ignorance, — on s'est permis de critiquer la plus noble cause qui soit sur la terre dans la pensée des hommes !...

Quand Charlemagne ordonnait ses grands Etablissements capitulaires, — ne faisait-il pas de la Décentralisation nouvelle ? Il voulait communiquer à son époque — le secret du Progrès, de la Civilisation et du Bien-Etre des hommes !

César, — en entrant en conquérant dans les Gaules, — ne centralisait pas seulement le pouvoir du plus fort, — mais il décentralisait l'esprit de Rome. Il nous apportait les ouvrages des historiens, des poètes et des philosophes de sa patrie, — n'était-ce donc pas décentraliser Rome elle-même ?...

A cela, — on pourrait nous objecter qu'un conquérant barbare, — Mahomet par exemple, — serait aussi un propagateur de la cause qui nous occupe et au triomphe de laquelle nous dévouerons ce que nous avons de force et d'ardeur !...

Cette objection ne serait pas sérieuse. Il n'y a Décentralisation qu'autant que le Bien, le Progrès et la Civilisation, — sont pris pour but. — Mahomet ne pouvait décentraliser, — puisqu'il était un destructeur des lettres, des sciences et des arts. Il était un centralisateur puisqu'il voulait conquérir le monde! Mais toute sa puissance consistait à inspirer une loi fausse, — c'est-à-dire l'ordre de brûler la bibliothèque d'Alexandrie... Omar n'était que le bras, — Mahomet — la tête!

Napoléon, — malgré toutes ses victoires qui tendaient à la Centralisation européenne, — a été le Décentralisateur par excellence dans les temps modernes! — Pendant qu'il portait ses armes en Allemagne, — n'y faisait-il pas pénétrer la Décentralisation française?... Et avec elle, — nos mœurs et nos usages, — nos sciences et nos arts, — nos lettres et nos écrivains?...

Conçoit-on une Décentralisation plus grande que celle-là?...

Allez en Autriche, — vous y trouverez vivants les souvenirs de nos passages; — vous y reconnaîtrez nos usages, nos modes, nos jeux, nos plaisirs; — vous y remarquerez nos livres, nos tableaux, nos estampes; — vous y entendrez notre musique et nos pièces de théâtre; — enfin vous constaterez le pouvoir de la Décentralisation française!...

Vous trouverez en Prusse ce que vous verrez en Autriche. Mais si vous allez en Russie, — la puissance de la Décentralisation y est bien plus étendue. — Là, vous verrez non-seulement régner nos usages, nos jeux et nos plaisirs; —

mais vous y reconnaîtrez notre langage, nos accoutrements et nos manières. Les Moscovites ne se contentant pas de nos pièces de théâtre, — appellent chez eux nos artistes pour les représenter ! Il y a plus, — la Russie dans ces derniers temps, — s'est chargée de donner le signal du bon goût littéraire à la France et au reste de l'Europe. — On se souvient que Mme Allan joua à Saint-Pétersbourg les spirituels Proverbes de ce regrettable Alfred de Musset, — et que c'est des bords de la Néva que nous revinrent ces perles dramatiques qui éblouirent notre vieux continent...

C'est le seul résultat de la Décentralisation étrangère chez nous. — Car nous le répétons, — la Décentralisation part toujours du sommet pour descendre à la base, — elle ne saurait

monter de la base au sommet; — de même
qu'un peuple barbare ne saurait apporter la
civilisation chez un peuple civilisé, — ou mieux
encore, de même que l'ignorance ne saurait
régner sur l'intelligence !...

On l'a vu en 1814 et en 1815 : — Les étrangers malgré leur séjour parmi nous, — ne nous laissèrent aucune de leurs institutions. Nous venons d'étudier pourquoi. Les ténèbres ne sauraient pénétrer la lumière, — c'est à celle-ci à porter partout sa clarté bienfaitrice !...

Une nation qui a eu quelque influence par la Décentralisation étrangère sur le peuple français, — c'est assurément l'Angleterre. Une foule de nos expressions, de nos usages, de nos mœurs actuels, — nous étaient totalement étrangers il y a un demi siècle... — Le Sport a fait en France des progrès étonnants, — à tel point qu'il est entré dans la vanité nationale, — et que ce serait n'être pas gentilhomme, — de dédaigner cet exercice dont la noblesse est, certes, très-contestable!... — La chasse elle-même, — cette vieille chasse de nos aïeux, — a fait un pas de plus dans les plaisirs de notre pays, — elle est devenue populaire et distinguée dans les Provinces, — autre pouvoir de la Décentralisation étrangère et française! Cet essor nouveau de l'art de la vénerie, — il ne faut pas se le dissimuler,— nous vient aussi des Anglais ! Quel peuple plus chasseur et plus sportsman que celui des Trois-Royaumes?...

Du rayonnement du commerce et de la politique, — naît toujours une Décentralisation plus ou moins durable, — mais il est constant qu'elle a lieu. Si nous voulions nous étendre d'avantage sur ce sujet, — nous pourrions citer ici les mots nombreux dont s'est enrichie la langue française, — dans son contact avec l'Angleterre. Il y a dans la langue de nos voisins quelque chose d'original et de puissant, que nous n'avons pas dans la nôtre. C'est ce qui en fait le caractère et la force.

Telle est l'histoire de la Décentralisation que nous venons d'écrire à vol de vapeur. Nous croyons que cet aperçu suffira pour envisager tous les développements qui vont suivre. On a cherché à contester la puissance de la Décentralisation, — on a même insinué qu'elle n'existait pas. C'est à nos lecteurs à répondre à cette dernière critique. Nous croyons l'avoir montré depuis sa naissance jusqu'à nos jours ! — Elle existe si bien qu'elle est aussi ancienne que le monde !...

Après avoir fait l'histoire de la religion nouvelle, — il s'agit maintenant de définir la Décentralisation, — de montrer sa nécessité pour les intérêts de la France, — ceux de Paris et ceux des gouvernements. — Ensuite de formuler une conclusion générale, tirée des conséquences de cette étude.

Nous allons donc étudier le sujet dans tous ses développements. Nous suivrons le programme suivant : —

1° Ce que c'est que la Décentralisation.

2° La Décentralisation au point de vue des intérêts de la France.

3° La Décentralisation au point de vue de Paris.

4° La Décentralisation au point de vue des intérêts des gouvernements.

5° Conclusion générale.

— Marche et Progrès de la Décentralisation.

Voilà les divisions de ce livre. En remerciant les lecteurs qui veulent bien suivre nos développements nouveaux, — nous allons commencer par examiner ce que c'est que la Décentralisation.

CE QUE C'EST

QUE LA DÉCENTRALISATION

DÉFINITION

CE QUE C'EST QUE LA DÉCENTRALISATION

II

La Décentralisation c'est la propagande du Bien, du Grand et du Beau dans les Provinces de la France, — ou même dans les royaumes de l'univers. C'est le rayonnement de l'intelligence dans les pays encore dans les limbes de la civilisation! C'est la diffusion des lumières, — c'est, enfin, le règne du Progrès, de la Vérité et de l'Humanité!

La Décentralisation, — c'est la manifestation de ce qui se fait dans les sciences, dans les lettres et dans les arts. C'est le succès des publicistes, des romanciers, des poètes, des inventeurs et des philosophes, — succès obtenus dans les Provinces sans la participation de la Centralisation.

Décentraliser, — c'est cesser de porter son esprit et ses forces, son talent ou son génie, — dans une capitale quelconque qui, — non seulement absorbe à elle seule la gloire des Provinces, mais encore laisse mourir dans le silence, la solitude et l'isolement, — tout ce qui n'est pas le fétiche d'une coterie, — le Dieu d'un temple littéraire, — ou le Veau d'Or d'une nuée d'Israélites !...

La Décentralisation ce n'est pas l'importation des œuvres des capitales dans les Provinces, — c'est au contraire la concentration de ces mêmes œuvres dans les contrées urbaines... C'est leur éclosion dans les parages qui ont vu naître leurs auteurs, — c'est la gloire des hommes intellectuels dans les lieux qui furent leur berceau ! C'est le succès récompensant les efforts de tous, — c'est une ère nouvelle pour les poètes, les artistes, les savants et les inventeurs !...

La Décentralisation c'est, — légèrement modifiée, — la réalisation de cette parole de l'Evangile : —*Eclairez-vous les uns les autres!*...Alors en s'éclairant des lumières éclatantes de l'intelligence, — les hommes deviendront meilleurs,— ils apprendront à connaître le génie, — à le comprendre, — à l'applaudir, — à le saluer s'il naît au milieu d'eux. Ils prouveront — les uns les autres — qu'on peut aisément, — sinon devenir prophète en son pays, — du moins y montrer librement son talent qu'un public intelligent, — applaudirait de l'esprit et du cœur!...

La Décentralisation, — c'est l'avenir régénéré, — c'est la science mise à la portée de tous, — c'est la poésie dans son empire idéal, — c'est la littérature s'infiltrant dans les classes les moins intelligentes de la société, — c'est en un mot,— l'ignorance terrassée, — et le Progrès plantant son drapeau dans les Provinces françaises !...

La Décentralisation,—c'est le règne du BEAU, du BON et du BIEN, — c'est la France libre et prospère,—c'est la Province éclairée, heureuse et respectée! C'est l'art planant dans toutes les intelligences! C'est la morale nouvelle et puissante, — régnant dans toutes les familles, — désormais mises à l'abri de bien des malheurs, — souvent le fruit de l'ignorance! Ce n'est pas seulement une rénovation, — c'est une résurrection!.....

Nous l'avons montré tout à l'heure, — la Décentralisation est aussi ancienne que le monde! Nous devons donc suivre le Progrès, — et la baser sur nos besoins actuels. — Nos pères avaient le génie de la Décentralisation,— quand ils s'administraient eux-mêmes dans chaque Province, — sans recourir à une capitale centrale; — quand ils se créaient une physionomie propre à chaque contrée, — une histoire indépendante, — une littérature originale...

On le voit, — pour suivre la marche du Progrès et faire mieux que ne faisaient nos pères, — il faut déjà *admettre* et *pratiquer* la Décentralisation politique, scientifique, artistique et littéraire. Mais il nous faut aller plus loin encore, — il est de toute nécessité de l'établir sur des bases plus larges et plus progressives. Ce que nos aïeux établirent pour la jouissance exclusive d'une Province ou d'un pays, — nous devons, nous, en faire une institution universelle! — Nous voulons qu'on signale les travaux de l'Académie de Lyon ou de Marseille, — en Angleterre et même en Amérique, — comme on y parle de l'Académie française ou du

Corps législatif... — Nous voulons que chaque Province ait sa *Revue* nationale, — où tous les talents viendraient imprimer, — sur ce miroir magique qu'on appelle la Presse, — leurs sensations, leur poésie, leur science et leur histoire! — Nous demandons que l'échange soit organisé sur des bases très-larges dans toute l'Europe, — afin que l'on connaisse au loin les travaux de chaque pays, de chaque contrée, de chaque Province, — qui forment ensemble le noyau d'un empire!...

Voilà en peu de mots, — ce que c'est que la Décentralisation. Beaucoup d'entre nos lecteurs avaient, — nous en sommes persuadé, — une toute autre idée de la cause qui nous occupe. On a dénaturé les idées émises, — on a confondu les moyens, — on a surtout cherché à perdre la Décentralisation dans l'opinion publique.

C'est une tactique qui paraîtrait habile, — si l'on ne savait pas que le triomphe sort toujours de la persécution, — et que tout ce qui dans un temps, — cause le courroux des hommes, — fait tôt ou tard leur joie dans l'avenir!

Nous dirons un mot, dans cet ouvrage, des erreurs dans lesquelles sont tombées les adversaires de la Décentralisation. On a prétendu que ce nouveau système, tendait à détrôner les capitales, — c'est là une calomnie indigne. — Que les capitales soient grandes et puissantes par elles-mêmes, — et elles seront des foyers lumineux projetant leur lumière sur les Provinces.

C'est le contraire qu'il fallait dire : — Nous voulons, si c'est possible, élever davantage encore les capitales, — afin qu'elles soient un exemple pour nos Provinces. Les capitales seront le phare, — les Provinces seront l'Océan. Mais les capitales ne sont pas la tête, — les Provinces sont la tête et le corps. Ou plutôt, si l'on peut faire cette comparaison, — les capitales sont l'œil de l'orbite social. Elles éclairent, — mais ne donnent pas la vie!...

On le sent, on le voit, la vraie Décentralisation ne veut nullement attenter aux gloires des capitales. Seulement, à la longue, comme il sera possible d'obtenir de beaux succès sans quitter les Provinces, — il arrivera nécessairement que les capitales n'auront plus la même puissance, — très-souvent usurpée, — et que par conséquent,

— sans avoir directement porté atteinte à leur existence intellectuelle, — elles se verront abandonnées peu à peu, — et les Provinces auront conquis leurs droits à la lumière !...

Est-ce clair ?...

La Décentralisation, — c'est la puissance de l'Instruction, de la Civilisation et du Progrès sur les peuples ! Sans Progrès, il n'y a pas de Décentralisation possible. — Vouloir l'instruction des masses, — c'est vouloir décentraliser l'esprit ! Implanter la civilisation chez un peuple, — c'est la Décentralisation de la civilisation d'un autre peuple ! — En un mot, — la Décentralisation, — c'est le Bien se faisant imiter partout. Et ce qui est plus palpable encore, — la Décentralisation c'est l'imitation de ce qui dans un pays faisait la grandeur et la gloire, — porté dans un autre pays qu'on veut rendre glorieux et grand!

Le cosmopolitisme du Bien, — c'est la Décentralisation. — Car la Décentralisation c'est la propagande du Progrès et de la Lumière! Tout propagateur est un apôtre de la Décentralisation!... Voilà pourquoi nous recherchons la vérité pour vous convaincre, — afin de faire de nouveaux prosélytes à notre cause, — qui est celle de la France, — afin de vous compter au nombre des missionnaires de la Décentralisation française!...

LA
DÉCENTRALISATION
AU POINT DE VUE
DES INTÉRÊTS DE LA FRANCE

LA
DÉCENTRALISATION

AU POINT DE VUE

DES INTÉRÊTS DE LA FRANCE

III

Afin de mieux apprécier les bienfaits que la Décentralisation promet à la France, — il nous faut jeter un regard rapide sur ce qui existait antérieurement et sur ce qui existe actuellement dans toutes les Provinces françaises.

Le grand orage de 1789, — en centralisant l'administration des Provinces dans Paris, — a fait perdre à celles-ci, — leur personnalité. De telle sorte que tout le monde venant et allant à Paris, — rien ne peut faire aujourd'hui la puissance propre ou la vie proprement dite des Départements.

Autrefois c'était bien différent.

Paris n'était que la capitale du royaume, — sans être le ressort des rouages politiques et administratifs, — on n'allait à Paris qu'en temps de guerre, — et, — à moins de quelque évènement extraordinaire, — nos pères mouraient sans avoir vu Paris... Pourquoi eut-on visité la capitale de la France?... Rien de bien remarquable n'y attirait les curieux.. Les rois s'y ennuyaient à mourir, — les plaisirs alors étaient en Province. Louis XI s'en allait à Cléry, près Beaugency ; — Henri IV dans le Béarn, et Louis XIV suivait Mme de Maintenon dans la Touraine.

Quand on allait à Paris, — c'est qu'on y était député aux Etats-Généraux ou qu'on y occupait une charge à la cour. Hors de là, — rien à Paris n'attirait les habitants des Provinces... La Bourse?... — Mais la Bourse n'existait pas, — et l'on ne se doutait pas qu'un jour, — la France devait vivre sous le règne de l'Agiotage!..

Les Palais ?... — Mais les Palais étaient peu nombreux, délaissés, abandonnés, — le peuple se partageait le Louvre et en faisait sa demeure !... L'Académie ?... — Pour l'Académie, elle était encore dans le cerveau de Richelieu !... Le Théâtre ?... — Mais il était dans l'enfance jusqu'à la naissance de Corneille !... Les Journaux ?... — Mais avant Renaudot et Loret, on ne connaissait pas les Journaux à Paris !... Les Libraires ? — Il n'y en avait point !...

On le voit, — rien ne pouvait faire de Paris une capitale ambitieuse, — au point d'attirer chez elle, — les hommes les plus marquants des Provinces. Elles se contentait de loger le roi, — voilà toute sa puissance, tout son prestige et toute sa gloire !...

De nos jours, — c'est bien différent. A peine est-on une intelligence ordinaire qu'on veut s'envoler vers Paris. — Paris — dit-on — est l'officine de l'alchimie de la Gloire! C'est là que se forment les réputations, — c'est là que se fait le sacre du génie, — c'est là enfin, qu'on fonde les piédestaux et qu'on élève les statues!...

Nous aurions mauvaise grâce, en vérité, à dire que Paris n'est pas tout cela!... Paris est davantage encore. — Là, ne se donnent pas seulement des lauriers, — mais là se donnent aussi l'ambition et l'émulation. Ce qui fait que Paris est à la tête de toutes les Provinces, — c'est parce qu'à Paris les intelligences se coudoient, se rencontrent, se combattent; — et l'on sait par une loi physique, — que du choc des corps jaillit la lumière! Le frottement des intelligences, fait naître aussi le talent ou le génie. Voilà ce qui explique la puissance de Paris, — et c'est le seul avantage que nous puissions accorder à la Centralisation.

La Centralisation n'est pas autre chose que l'agglomération. Agglomérer l'intelligence, — c'est lui donner tout en même temps la vie ou la mort. Vous voulez stimuler les uns, réveiller les autres, — donner l'émulation à tous, — mais vous ne remarquez pas que votre système est vicieux, — et que sur cent intelligences vous en tuez les trois quarts? — Vingt-cinq arrivent à la renommée — et le reste vit et meurt dans les déboires, dans l'oubli et dans la misère!...

D'ailleurs ce que Paris fait sur dix lieues de

terrain, — pourquoi les Provinces ne l'accompliraient-elles pas sur toute leur étendue?... La Centralisation des esprits existerait dans la Pensée, — puisque ces intelligences se soutiendraient mutuellement, — et que les Provinces françaises ne feraient qu'une, seule, et indivisible.

Les avantages de la Décentralisation au point de vue des intérêts de la France, — se devinent et sont palpables! Qu'elle est la force intellectuelle de toutes nos Provinces à l'heure qu'il est?... — Suivant les uns — les négateurs — elle est nulle; — Suivant nous, — elle est grande et prospère!... Seulement, — comme elle ne se montre pas, — et qu'il faut la deviner ou la sentir dans la prescience de son esprit, — elle paraît nulle à ceux qui n'approfondissent pas les choses. — Si la Décentralisation était pratiquée, — l'intelligence des Provinces rayonnerait bien plus brillante que celle de Paris, — et cela dans toute l'Europe!...

Pour en arriver là, — que faut-il faire?...

Une chose bien simple et qui serait décisive : — Faire en sorte que tout ce qui paraît en Province, — puisse rayonner à Paris comme dans l'Europe... Protéger les travaux de la Pensée... Publier dans chaque département, — au moins — un journal destiné à éditer tout ce qui sortira des intelligences... — Aider les débuts des jeunes écrivains, des savants et des artistes... — Honorer les hommes voués à ces grands travaux et les récompenser publiquement,

— par des marques honorifiques, — afin de les élever au-dessus de la foule. — On a beau dire, — la foule s'incline toujours devant la puissance de l'intelligence, — elle honore toujours les représentants de la Pensée...

Les Académies et les Sociétés savantes écrivent de beaux ouvrages qui ne sortent jamais du rayon de leur Province! Pour remédier à ce grand malheur, — il faut que chaque Province ait une Revue qui édite tout ce qui paraîtra d'important. Cette Revue, — échangeant avec les Revues de Paris et de l'Etranger, — se créerait ainsi une publicité plus grande, — et ferait sortir ces œuvres de l'espèce de sépulcre où elles paraissent enfermées pour toujours!...

C'est alors que le jeune homme dont Dieu a marqué le front du sceau du génie, — resterait sur le cœur de sa mère et travaillerait, — heureux et tranquille, — à la conquête de l'avenir!... Il ne penserait nullement à s'envoler à Paris, — puisque la réussite, le succès, la gloire, — s'obtiendraient dans son pays. — D'un autre côté Paris ferait rayonner à son tour les travaux des Provinces, — car les principaux talents ne se trouvant plus centralisés dans la Capitale, — les Départements auraient un relief, un mérite, une grandeur, — que Paris n'aura jamais. — Car dans le prisme flatteur à travers lequel on voit Paris, — si l'on savait y démêler tout ce qu'il y a d'horreur, de fange et de dégoût, — on aimerait la Décentralisation!...

Le Poète, l'Inventeur, le Médecin, le Jurisconsulte, le Littérateur, le Comédien, le Sculpteur, — tous trouveraient dans les Provinces le bien-être et la gloire qu'ils poursuivent vainement à Paris. Tous seraient heureux de pouvoir être à l'abri des tempêtes et des catastrophes humaines, — en acquérant ainsi une renommée, une gloire, une popularité, — qui serait encore bien plus grande et plus pure, — car elle serait sans tache, — ce serait le succès du foyer!...

Ce n'est pas tout, — combien de nos intelligences se perdent à Paris au contact du vice, de la misère et des difficultés inhérentes à la vie de l'homme intellectuel?... Combien n'avons-nous pas de ces pertes à déplorer?... Sur mille intelligences supérieures, — c'est à peine si une vingtaine arrive à la renommée!

. . . .

Ce chiffre ne vous effraie-t-il pas?...

Disons-le courageusement, — ne sont-ce pas là de véritables meurtres qui déciment peu à peu nos milices intellectuelles, — et qui portent dans les familles les regrets et quelquefois le désespoir, — souvent pire que la mort!...

Ce serait faire l'histoire des lettres françaises, — que de tracer ici le martyrologe de la Centralisation ! — Que de beaux caractères, que de grands philosophes, que de profonds savants, ne sont pas aujourd'hui couchés dans la tombe, — faute d'avoir trouvé un appui tutélaire, — un horizon littéraire pour leurs contemplations, — une tribune pour leur éloquence !...

La Centralisation est bizarre, — elle adopte les uns avec magnanimité, — elle repousse les autres avec une inhumanité révoltante, — elle élève ceux-ci sur un piédestal,— pendant qu'elle abat ceux-là au pied d'un gibet, — ou qu'elle les plonge au fond d'un torrent!...

Les meilleurs avantages de la Centralisation, — ne compenseront jamais les maux qu'elle cause tous les jours!... — Au reste, — la Décentralisation peut la remplacer dignement, — elle est une mère qui aime ses enfants! — Et puis, dans les Provinces, — on peut être tout aussi grand poète qu'à Paris, — sans en courir les chances affreuses, — sans cotoyer à chaque instant les bords de l'abîme et toucher aux confins de la tombe!...

Avec la Décentralisation, — un poète sans autres fortune que sa plume, — peut travailler dans les Provinces et arriver à la gloire. — A Paris c'est une exception lorsqu'on réussit, — et encore l'exception est bien rare!... — Dans les Provinces, — l'homme intellectuel est dans son milieu, — il se trouve inspiré par le foyer paternel,—par les lieux qui l'ont frappé depuis sa naissance!... A Paris, le tableau hideux de la misère, — l'étiole, lui ravit ses inspirations, — lui vole son avenir, — et, — désenchanté de l'existence, — le plonge dans le gouffre de l'éternité!

Voilà les avantages de la Centralisation!

Enfin, — nous pensons l'avoir démontré, —

les plus sérieux intérêts de la France entière, — sont renfermés dans le triomphe de la Décentralisation. — Autant les intelligences y gagneront de sûreté, de bien-être et de succès, — autant les Provinces elles-mêmes y trouveront considération, gloire, puissance et force! Aujourd'hui la France est à Paris, — avec la Décentralisation elle serait partout!... Et quelle France grande et prospère! Quel faisceau intellectuel ne formerait-elle pas! Quelle ne serait pas sa grandeur devant les autres nations de l'univers!..

Au point de vue des intérêts particuliers, — la Décentralisation est encore plus généreuse. Aux Ecrivains, elle promet des succès proportionnés à leur talent, — avec la certitude d'une existence tranquille, heureuse et respectée! Aux Poètes, — elle assure le bien-être en attendant la gloire; — aux Inventeurs elle donne appui, soutien et courage, — pour les faire triompher des rudes épreuves, — inhérentes à la propagation de la lumière!...

Aux Libraires, aux Graveurs, aux Lithographes, aux Imprimeurs, — la Décentralisation assure un brillant avenir. Tout ce qui se produit à Paris à notre époque, — paraîtra plus tard dans les Provinces, — et ce sera pour tout animer, tout agrandir, tout renouveler autour de nous! Les Imprimeurs redeviendront ce qu'ils étaient autrefois, — c'est-à-dire des savants et des artistes!... — Aujourd'hui, — pour la plupart,— ce ne sont que des industriels ne connaissant des lettres que l'alphabet, — et ils sont presque toujours les ennemis de la Pensée!...

La **Presse de Province** éditée par eux, — le prouve suffisamment. Aussi pouvons-nous espérer la rénovation ou plutôt la résurrection de la Presse! — La Décentralisation accomplira encore ce miracle intellectuel! Quand elle aura fait pénétrer partout ses doctrines humanitaires et civilisatrices, — les peuples seront humains, instruits et civilisés, — la Presse de Province sera grande, utile et littéraire; — les intelligences seront honorées, protégées et respectées; — les arts seront cultivés, les livres recherchés; — les journaux seront lus avec avidité ; — et la France — renouvelée et réformée de fond en comble — ne sera plus seulement la plus grande nation de l'univers, — mais plutôt la sauve garde des lettres, des arts et des sciences; — car à Paris et dans les Provinces, — le règne de l'Esprit aura succédé au pouvoir de l'Abrutissement et de la Matière!...

Et la Décentralisation française aura triomphé!...

LA
DÉCENTRALISATION
AU
POINT DE VUE DE PARIS

LA DÉCENTRALISATION AU POINT DE VUE DE PARIS

IV

Il semblerait au premier abord, — que Paris doit être l'adversaire le plus ardent de la Décentralisation, — car on a voulu insinuer que son but était de détrôner la capitale! C'était pêcher en eau trouble, — plaider *le faux* pour empêcher *le vrai* de pénétrer dans les masses! C'était peut-être malin, — mais ce n'était pas adroit... Le but de la Décentralisation, — nous l'avons indiqué, — loin de vouloir attenter directement à la puissance de Paris, — est au contraire de montrer sa gloire à la Province, — afin que celle-ci, — s'inspirant de la grandeur de Paris, — s'efforçât d'arriver à sa hauteur! — Paris sera pour nous l'*exemple*, — la Décentralisation — le *précepte!* Il est vrai que quand notre système aura triomphé, — Paris perdra peu à peu son prestige, — car les grandes intelligences qui s'y donnent aujourd'hui un rendez-vous forcé, — resteront plus tard dans leurs Provinces qu'elles illustreront à leur tour!...

Quoi? — poètes, artistes et philosophes! —

Vos parents et vos amis auront en vain donné leurs tendres soins à votre jeunesse, — et vous irez porter votre renommée, votre talent et votre gloire, — dans une capitale qui prétend en frustrer vos proches?... — Quoi?... Une Province vous aura reçus avec des transports de joie, — elle aura lu sur vos fronts le livre de ses destinées, — elle aura mis en vous son espoir, son avenir, ses apirations, — et au moment où vous allez devenir ses héros immortels, — vous désertez vos foyez, — vous ravissez à votre pays ses espérances et, — nouveaux Coriolans, — vous allez dans une autre patrie porter l'épée de votre intelligence et combattre contre votre pays! — Avouez, qu'il y a lâcheté dans une telle conduite! Nous savons que Paris a fait le mal, — nous savons que vous êtes entraînés malgré vous, — nous n'ignorons pas qu'il y va de votre gloire et de votre nom, — quand vous courez ainsi vers la centralisation parisienne! Mais ayez donc le courage de remonter le courant qui vous entraîne, — repoussez cette anarchie qui vous menace, — et demeurez — grands et forts, — dans les Provinces qui vous ont vu naître!... Restez sur le cœur de vos mères ou dans le sanctuaire de la famille!... Croyez-nous, l'inspiration du foyer paternel ne se retrouve nulle part!... Les plus beaux palais, — ne valent pas la modeste chambre où nos pères présidaient aux festins de la famille! Un trône, — ne vaut pas l'alcôve où nos mères nous mirent au monde, dans les souffrances et les douleurs... — Image fidèle des tortures et des déboires que doivent éprouver — tous les gestateurs de la pensée!...

Si Paris est le foyer des Phidias, des Sophocles et des Euripides modernes, — nous savons que les Provinces françaises ont produites ces intelligences arrivées au succès!... En faisant le bilan rapide des talents nés en France, — nous en trouvons DEUX SUR MILLE produits par Paris. Qu'on ne vienne donc pas dire que la France ne peut rien faire sans Paris, — c'est la capitale au contraire qui ne pourrait exister sans le concours vital des Provinces réunies!... Il n'est donc pas juste de laisser dire et laisser faire! Il faut que la raison et la justice président à nos dissertations!...

Paris croit la Décentralisation non-seulement possible, — mais encore il la redoute. On aura beau faire, — on ne peut empêcher à la vérité de se faire jour, les réformes utiles triomphent toujours, — et toujours les abus cessent d'exister tôt ou tard!...

D'ailleurs, — il n'y a pas si longtemps, que la Centralisation a conquis cette puissance et cette gloire! — Avant la Révolution française de 1789, — elle n'existait qu'imparfaitement. C'est depuis que nos pères ont centralisé tous les pouvoirs à Paris, — que toutes les branches des connaissances humaines y portèrent leurs succès et y élurent domicile!... La Décentralisation politique viendra dans l'avenir remédier à cet inconvénient, — car nous pouvons attendre une nouvelle institution des communes politiques, — ou plutôt une émancipation des Provinces françaises!...

Mais en supposant que la Centralisation politique continuât son système d'agglomération, — nous ne voyons pas pourquoi les Lettres, les Sciences, les Arts et les Inventions, — ne se Décentraliseraient pas dans les Provinces ! Paris n'est pas tellement indispensable à l'intelligence, — qu'elle ne puisse porter partout ses inspirations et son courage ! — Il est prouvé d'ailleurs que le séjour de Paris est fatal à l'organisation humaine, — l'air y est insalubre, — l'activité y est dévorante, — l'alimentation n'y est pas saine, — elle y est trop chère, — elle cause les plus graves perturbations dans la santé des individus.... Si Paris n'est pas favorable à la santé des hommes en général, — à plus forte raison son séjour doit-il être fatal aux hommes d'intelligence qui, — plus que tout le monde, — ont besoin d'air et d'espace, de repos et d'alimentation, — de paysages et de brillants horizons qui les inspirent; — et surtout encore d'une vie douce et tranquille, à l'abri de ces crises honteuses qui les mettent souvent à Paris dans la cruelle alternative ou de mourir de faim ou de mourir de honte !...

Ne pensez pas — lecteurs — que nous ayons noirci le tableau. Les couleurs que nous employons sont celles de la vérité, — mille fois constatée. Et plus d'une grande illustration de notre époque, — pourra verser des larmes en reconnaissant son histoire !...

On le voit, — grands ou petits, — Poètes et Philosophes, — Artistes et Inventeurs —

tous subissent Paris… — loin de jouir de ses mille plaisirs, — qui semblent des fleurs jetées sur des monceaux de ruines! La joie du soir succède aux sanglots du jour! Les rires de la nuit, — interrompent les cris de douleur du crépuscule!…

Et l'on nous dira que Paris est un séjour divin pour l'intelligence, — un Eden où la gloire se cueille comme on cueillait les pommes d'or du jardin des Hespérides. — Oui, mais le dragon Parisien, — le monstre de l'or et de l'agiotage, — la furie de l'Infortune et de la Réalité, — arrêtent les héros au passage, — et leur font payer cher. le peu de gloire qu'ils ont acquise!…

Nous savons qu'il y a quelques exceptions, — mais elles sont rares. Nous défions qui que ce soit, — de nous montrer vingt intelligences qui ne soient pas passées par le martyre! — Le séjour de Paris, — est un martyre perpétuel, — il prend plus qu'il ne donne! Pour une gloire dont il s'est fait l'écho, — il a engouffré dans son sein mille talents qui fussent devenus des génies en Province!... — Les difficultés dont la vie de Paris est semée à chaque pas, — ont — seules — causé la perte de ces héros de l'avenir!...

Nous ne saurions trop nous appesantir sur ce sujet, — Paris est le Tonneau des Danaïdes de l'intelligence! Tous les jours des milliers de penseurs arrivent dans son sein, — et jamais la mesure n'est comble! Tel qui partit plein d'espoir et de vie à la conquête du succès et de la gloire, — disparût tout-à-coup, — sans qu'on sut jamais qu'elle avait été sa destinée!...

Puis à Paris le Mal est partout! Le Mal entraîne les uns, — perd les autres et ne rend — en fin de compte — que les endurcis dans la débauche et la dépravation. Et l'on dit que Paris est le séjour de la gloire et du génie! On se trompe, — Paris en est plutôt la roche Tarpéienne et le Waterloo!...

Si quelques rares intelligences réussissent à Paris, — c'est par un système de convention qui place Paris comme centre de la France. Ce n'est pas Paris qui donne la Gloire, — c'est le talent ou le génie... Paris — dit-on — par sa configuration et sa puissance,— aide singulièrement à la renommée naissante !... Il ne nous appartient pas de nier cette vérité... Mais est-ce que Victor Hugo ne réussit pas également en publiant ses chefs-d'œuvre à Jersey?... Est-ce que Alphonse Karr a besoin d'habiter Paris, — pour être l'écrivain le plus mordant et le plus spirituel de l'univers?...

Nous pourrions choisir d'autres exemples, — et parler du mystique et profond M. Victor de Laprade qui — de Lyon — a été nommé membre de l'Académie-Française! C'est à Lyon qu'a été écrit ce chef-d'œuvre qu'on nomme *Psychée*, — et c'est de là que son auteur publiait ses autres ouvrages, — sans jamais avoir recours à la Centralisation parisienne! — Est-ce que Méry ne serait pas Méry, — si au lieu d'habiter Paris, — il demeurait à Marseille, sa ville natale?... — Est-ce que M. Ponsard n'a pas écrit sa *Lucrèce* sous l'aîle de sa mère, à Vienne, en Dauphiné?... Est-ce que M. de Lamartine n'aurait pas été plus heureux et plus grand, — en vivant à Mâcon, — dans le manoir de ses pères!...

Ceci est incontestable.

Depuis que nous n'avons plus des *Ermitage* et des *Ferney*, — nos Rousseau et nos Voltaire sont moins grands qu'autrefois. Paris est toute la France, — dit-on, — à ce compte-là Paris doit être le Père des intelligences, — au lieu d'en être le bourreau!...

On le voit, — Paris n'a qu'un prestige illusoire! Du jour où la Décentralisation aura triomphé, — il sera plus aisé de conquérir la gloire et la renommée en Province qu'à Paris... Paris étouffe dans son enceinte, — et les Départements peuvent donner la plénitude de bien-être, de succès aux intelligences qui la rechercheront dans leurs foyers!...

LA
DÉCENTRALISATION

AU POINT DE VUE

DES INTÉRÊTS DES GOUVERNEMENTS

LA
DÉCENTRALISATION

AU POINT DE VUE

DES INTÉRÊTS DES GOUVERNEMENTS

V

Quand il y a quelques années, — le gouvernement actuel ordonna à ses représentants en Province, — de délivrer rarement et difficilement des passeports pour Paris, — le pouvoir sentait que la Centralisation parisienne devenait funeste, — non-seulement à Paris lui-même, — mais encore aux Arts, aux Lettres, aux Sciences et à l'Ordre public ! Il voulut remédier à ce grand mal, — et il prit la seule mesure qui était en sa puissance : — Les passeports !...

Mais cette mesure était impuissante à conjurer le mal. On ne peut légalement empêcher un honnête homme d'aller à Paris, — à plus forte raison, un homme instruit, éclairé, animé du feu sacré de l'intelligence, — qui prétend conquérir à Paris — la Toison d'Or de la gloire et de la renommée !... Le vouloir serait injuste, — lui faire entendre raison, — serait un devoir. Les gouvernements prennent des mesures et des arrêtés, — c'est aux intelligences à tracer les lois, les projets et les systèmes, — pour combattre les maux qui affligent leur époque !...

Le plus grand mal de notre temps, — c'est assurément celui causé par la Centralisation parisienne! La plaie se fait sentir en Province d'abord, — puis, va grangrener Paris. Dans les Départements, — il ne reste souvent que les hommes secondaires, — de telle sorte que le voyageur qui passe, — dit dédaigneusement :
— Il n'y a personne ici, — la tête est à Paris !
— Les voyageurs se trompent, — car dans les hommes secondaires, — sont les hommes pratiques, — les intelligences qui arriveront un jour au premier rang. Puis, la jeunesse est là avec ses utopies et ses espérances !... — Rien ne manque donc, si ce n'est les plus courageux qui sont partis tenter la fortune à Paris. —

Admettons que la Décentralisation est pratiquée et que les hommes de talent soient restés fidèles à leurs foyers, — assurément leur exemple, les ouvrages qu'ils publieraient, leur courage même, — tout serait un puissant moyen d'émulation et de Progrès dans les Provinces, — et le gouvernement trouverait là des hommes dignes de le représenter. La confiance dont le pouvoir les investirait, — serait amplement justifiée par le bien qu'ils accompliraient infailliblement. Le gouvernement serait représenté par les premières intelligence de la contrée, — ne serait-ce pas une véritable tutelle de famille?...

Au lieu de cela le pouvoir est forcé d'envoyer dans un pays, — un administrateur ne connaissant pas ses intérêts, ses besoins, ses vœux et ses aspirations. Les administrés eux-mêmes, —

ont plus de peine à s'entendre avec les représentants du gouvernement, — tout cela n'existerait pas, — si la Décentralisation était comprise et pratiquée ..

Loin d'être un exemple salutaire pour leurs arrières-neveux, — les hommes d'intelligence qui s'enfuient à Paris, — sont souvent la cause de bien des malheurs dans les familles, — de bien des catastrophes humaines!... Presque toujours, — les jeunes gens qui les suivent dans l'abîme de la Centralisation, — sont une cause de perturbation et de révolte contre les pouvoirs établis, — car désabusés de l'existence, — sevrés de leurs beaux rêves de gloire, — désenchantés de la vie littéraire, — un beau jour les Poètes jettent la plume, — les Artistes, le pinceau ou le ciseau, — prennent des armes.... et deviennent des iconoclastes et des meurtriers!...

Telle est la fin de toute vie intellectuelle à Paris! Il y a autant de Mirabeau que d'orateurs, — autant de Démosthènes que d'avocats, — autant de ministres que de combattants. — Dire que la Centralisation est funeste aux Pouvoirs constitués, — c'est corroborer leurs observations. Les mesures que prend le gouvernement actuel, — pour combattre l'agglomération des individus à Paris, — disent, elles-mêmes, l'intérêt qu'il prend au triomphe de la Décentralisation!...

Ne remarque-t-on pas une autre tendance bien plus funeste encore, — effet immédiat de la Centralisation parisienne?... L'élite de la société s'étant enfuie vers Paris, — a eu pour résultat d'entraîner avec elle toute la jeunesse des différentes époques de l'histoire, — et principalement les générations de la première moitié du xixe siècle. Combien de ces jeunes gens des deux sexes vont à Paris, — sans autre but que l'existence dorée et facile, — les plaisirs raffinés et sensuels, — enfin les loisirs honteux et accusateurs, — les seuls appâts qui les attirent à la glu de la Centralisation!... Ce n'est pas tout. Ces déserteurs, — imitant les hommes d'intelligence, — ont eux-mêmes des imitateurs! Nous pouvons constater avec douleur la désertion de nos campagnes pour les villes, — c'est à peine si l'on trouve aujourd'hui les moissonneurs nécessaires à notre agriculture, — tant l'émigration de la jeunesse est nombreuse et fatale.

Ce qu'a fait la centralisation à Paris, — a eu pour résultat de produire le même mouvement en Province. Ce que s'étaient dites les intelligences en quittant leurs Provinces, — les Provinciaux des campagnes se le sont dits en désertant leurs foyers!... — Les premiers voulurent la gloire, — les seconds demandèrent la vie bourgeoise! Les uns se fatiguèrent de l'existence facile dans leurs parages littéraires, — les autres renièrent la vie champêtre, — dans leurs Edens des campagnes! Ceux-là allèrent à Paris, — ceux-ci habitèrent les villes! Les premiers furent cruellement désabusés de leurs rêves de gloire à Paris, — les autres souffraient dans les villes et y moururent de débauche, de travail ou d'ennui!...

Voilà le tableau des résultats affreux de la Centralisation. Il en est temps encore, — efforçons-nous de faire aimer les Provinces ! Montrons les avantages qu'elles offrent à leurs enfants, — les jouissances qu'elles promettent aux Poètes, — l'avenir qu'elles dispensent à tous, — suivant leurs goûts et leurs vocations !...

Il y a plus de trente ans déjà, — que la Centralisation a commencé ses ravages. Tous les pouvoirs depuis lors, cherchèrent les moyens d'arrêter le torrent qui entraîne les populations des Provinces vers Paris, — et celles des campagnes vers les villes ! Depuis, le mal a vaincu le remède, — et rien n'a pu maîtriser cette attraction de la Centralisation. Aujourd'hui la Décentralisation sera assez puissante pour accomplir ce prodige, — et c'est pourquoi, — l'appui du gouvernement ne sauraient lui faire défaut...

Pour arriver à arrêter la Centralisation parisienne, — il suffirait de quelques exemples qui vinssent consacrer la pratique de la Décentralisation. Il suffirait que quelques intelligences supérieures quittassent Paris, — pour ne plus y rentrer, — et plantassent leurs tentes dans les Provinces, — dans les foyers de leurs pères !... — Ensuite d'autres en feraient autant, — le mouvement se propagerait, — et l'on verrait bientôt que la France serait plus puissante et plus grande, — et que Paris n'est qu'un miroir fallacieux qui éblouit les hommes !...

De la Décentralisation présente, naîtrait celle de l'Avenir ! La génération qui nous suit demeurerait dans ses foyers, — pour ne les quitter jamais. Il n'y aurait qu'un certain noyau, existant encore à Paris, pléiade qui ne survivrait pas au-delà d'un demi-siècle, — car le Tonneau des Danaïdes parisiens, — n'étant plus alimenté, — serait bientôt le néant ! — Voilà une preuve sans réplique de l'impuissance de Paris !... Dire qu'on ne peut réussir qu'à Paris, — c'est un paradoxe qui n'a de sens commun qu'à notre époque de Centralisation. Dans cinquante ans, — il faudra retourner la proposition et constater qu'il ne sera possible d'acquérir la gloire et la renommée ailleurs que dans les Povinces françaises !. .

On le voit clairement, — la Décentralisation est un bienfait général. Ses résultats s'étendraient partout — et viendraient animer tous les rouages de la société. Les gouvernements ont un puissant intérêt à sa réussite, — aussi tous leurs efforts tendront-ils, — nous l'espérons, — à la faire triompher! D'ailleurs notre cause est assez puissante et humanitaire, — pour convaincre tous les incrédules et tous les pusillanimes. Les grandes religions ont pour effet, — d'être plus fortes que les armées, — et la Décentralisation est la religion de l'intelligence!...

Avons-nous montré comment les pouvoirs constitués sont intéressés au triomphe de la Décentralisation?... — Avons-nous parlé des entraves de moins dans les opérations financières, — dans les administrations générales, et dans les lettres et dans les arts?... Avons-nous établi surtout comment Paris, — étant moins aggloméré — deviendrait une cité plus humaine, moins anarchique et moins perditieuse?... Et comment aussi — avec la Décentralisation, — la vie redevenant normale, — serait plus longue et plus naturelle, — son cours ne serait plus arrêté par les mille accidents qui la mettent en péril, — dans les lieux où existe l'agglomération d'une grande masse d'individus?... —

Il est inutile de nous étendre davantage, — pour étudier quels sont les intérêts des gouvernements dans le triomphe de la Décentralisation. Ces intérêts, nous croyons les avoir indiqués en partie, — nous laissons à nos bienveillants lecteurs, — le soin de rechercher les autres. Il n'y a pas un projet, pas une loi, — pas même un système, — qui n'ait à gagner avec la Décentralisation! Son but est si large, — ses moyens si profonds, — qu'elle fera le bien autour d'elle, — aux grands comme aux petits, — aux forts comme aux faibles, — aux savants comme aux ignorants, — aux Capitales comme aux Provinces, — aux Villes comme aux Campagnes! Les administrés et les administrateurs, — les sujets et les rois, — les Poètes et les Artistes, — tous recevront les bienfaits de la Décentralisation !...

Versons la Décentralisation dans les Provinces, — nous leur devons cette réparation !

Elles nous ont produits, — produisons à notre tour le Progrès, la Rénovation et la Résurrection !...

CONCLUSION GÉNÉRALE

MARCHE ET PROGRÈS

DE LA

DÉCENTRALISATION FRANÇAISE

CONCLUSION GÉNÉRALE

MARCHE ET PROGRÈS

DE LA

DÉCENTRALISATION FRANÇAISE

VI

Nous voici arrivé à la fin de notre tâche. Nous avons étudié avec nos lecteurs les intérêts divers qui sont solidaires du triomphe de la Décentralisation. Il nous reste à conclure et à constater l'impulsion vive et puissante, — que notre religion intellectuelle a déjà communiquée à toutes les Provinces de la France. Montrer que le mouvement a commencé, — c'est constater la valeur du système, — c'est inviter tous les propagateurs de la Pensée, — à poursuivre avec courage leur belle mission, — et c'est encore encourager les Provinces à tenter leur émancipation et leur indépendance !...

En effet la Province toute entière, — commence à attirer l'attention des hommes qui se préoccupent des tendances du moment et des aspirations futures des peuples. L'attention publique, se porte entièrement à l'heure qu'il est sur les Départements... Il y a dix ans la vie intellectuelle de la France, était nulle en Province, — aujourd'hui elle existe, — elle marche à pas de géant vers le Progrès. Dans les Provinces ce ne sont que cavalcades historiques, — fêtes mondaines et littéraires, — premières représentations théâtrales où l'on donne des œuvres inédites et écrites dans les Départements!... — Courses hippiques, — solennités populaires et artistiques, — Expositions d'art et d'industrie, — Congrès scientifiques, — Concours régionaux, — Séances d'Académies, — réunions de Société savantes, — Instituts des Provinces, — partout la Décentralisation pénètre et porte avec elle la parole de l'Indépendance et du Progrès!...

De tous côtés arrive la lumière! Les tentatives intellectuelles sont nombreuses, — et autant de succès viennent prouver ce que la Décentralisation promet dans l'avenir ! De tous côtés la lumière pénètre, — et l'on commence à encourager les Arts et les Lettres !... — N'avons-nous pas vu des Revues se fonder comme par enchantement dans les principales Provinces de la France?... Il s'est créé des journaux littéraires qui peuvent rivaliser avec les publications de la Centralisation parisienne ! Des *Magazine* comme en Angleterre, — ont été fondés dans les Départements, — et certes le succès répond tous les jours aux efforts des Réformateurs de la Pensée !

Aussi, est-il maintenant assez naturel de regarder autour de soi et de scruter ce qui se passe du Nord au Midi, — de l'Est à l'Ouest, — afin de constater le Progrès rénovateur qui promet d'être fertile en résultats inouïs pour la France, — et partant pour la Littérature, les Arts et les Sciences de notre beau pays!... — On commence à comprendre, — que sans cesser d'être Français, — on peut être Lorrain, Flamand, Gascon, Picard, Breton, Provençal ou Bourguignon! On commence enfin à comprendre la Décentralisation, — et un demi-siècle ne se sera pas écoulé, — que notre religion intellectuelle aura changé la face des choses, — en faisant une France nouvelle, —de la France d'aujourd'hui!...

Partout l'impatience de la Liberté règne dans les Départements. L'émancipation est aujourd'hui le cri de l'avenir! Partout on veut sortir de cette atonie mortelle! — Partout on veut conquérir cette physionomie originale, — ce type particulier, —cette indépendance des cités,

— apanages intellectuels que les Provinces ont perdu depuis si longtemps ! — On se lasse enfin de cette uniformité mesquine qui voudrait étouffer les aspirations des Provinces, — afin de garder à la Centralisation, — son égoïsme de clocher, — égoïsme que les esprits sérieux repoussent comme une négation des droits de tous à la lumière, — aux fruits de l'intelligence, — aux bienfaits du Progrès ! — Aussi les Académies, — les Expositions, — les Courses hippiques, — les Chemins de fer, — tout ce qui tend à élargir la vie des Départements, — à grandir leur importance, — à la manifester de plus en plus à leurs propres yeux et aux yeux de tous, — tend irrésistiblement à créer la vraie Décentralisation intellectuelle et nationale, — celle qui, — sans rien ôter à Paris de ce qui fait sa grandeur et son pouvoir, — donnera à chaque Province, — à la France entière, — toute la plénitude de vie intellectuelle artistique et industrielle, — à laquelle elle a des droits inaliénables et imprescriptibles !...

Les Provinces veulent sortir enfin de l'ornière de la Routine, — et marcher dans la voie du Progrès ! Or, c'est par la Décentralisation surtout qu'elles pourront continuer ces éloquents plaidoyer humanitaires, — dont nos pères ont fait entendre les premières paroles ! C'est par la religion nouvelle que les Départements pourront jeter une gloire plus pure sur toute la France ! C'est par la Décentralisation, — que nous-mêmes, — nous pourrons jeter sur le berceau de notre enfance, — sur la tête de nos familles, — sur le sein de nos mères, — un rayon de cette gloire et de cette renommée qui s'effaçait autrefois à Paris, — dans le tourbillon de la Centralisation inhumaine, — toujours injuste et révoltante! Puis encore, quel est l'homme qui ne se sentira grandi de deux coudées, — en se voyant le héros de ses concitoyens, — lui qui — jusqu'alors — n'en avait reçu que le dédain le plus injuste?... Quelle est l'intelligence qui ne voudrait contribuer au Progrès universel, — sachant que cette cause du VRAI, du BEAU et du BIEN, — ajoutera une parcelle de bien-être, de succès et de gloire à l'existence des hommes, — en contribuant au bonheur comme au repos de famille?... —

Lasse enfin de ces abaissements serviles, — la Province veut conquérir son émancipation intellectuelle. De vassale qu'on l'a faite, —

elle veut reprendre sa Liberté, — et jouir des droits que lui concède l'Humanité! Si elle ne prétend pas régner en autocrate, — elle a droit de jouir de l'égalité bienfaitrice sur la scène de l'intelligence. A côté de la Centralisation, — elle veut placer la Décentralisation française! Elle se demande si une pièce de théâtre représentée à Marseille, — ne pourrait être aussi spirituelle et aussi profonde que si elle sortait directement de Paris? Si un vaudeville représenté à Lille ou à Lyon, — n'aurait pas le même sel attique que s'il était le fruit de la Centralisation? La Province se demande encore, — pourquoi un roman, un poème, un ouvrage philosophique, — inspirés par la Décentralisation, — n'auraient pas le même mérite que l'œuvre philosophique, le roman ou le poème sortis de l'officine parisienne?... Enfin, — pourquoi l'atmosphère de Paris, aurait le privilége de faire éclore des chefs-d'œuvre, — quand il est prouvé qu'elle a causé plus de maux que de bien véritable !...

On le voit la Décentralisation n'a pas besoin de compter sur l'impulsion future, — le mouvement est imprimé, — l'oscillation est produite, — nous n'avons qu'à favoriser son développement, sa marche et son Progrès ! Sa puissance est assurée, — car elle est basée sur la Vérité, sur le Bien, — et sur les Besoins urgents des Provinces françaises. La Décentralisation n'est pas une religion nouvelle, — elle a fait la grandeur et la gloire de l'Orient, de la Grèce et de Rome ! Il ne s'agit pas de l'inventer, — mais de la faire revivre ! Il ne s'agit pas de fonder de nouveaux systèmes, — mais de suivre les exemples salutaires légués par nos Pères! Or, — nous l'avons montré, — la Décentralisation est aussi ancienne que le monde! — Si un moment elle a eu le sort de toutes les bonnes choses, — si elle s'est effacée devant les illusions folles de la Centralisation, — ce fut pour reparaître avec plus d'éclat! Ce fut pour nous conquérir de nouveau à son empire intellectuel! Comme la Civilisation des peuples, — si elle périt dans un pays, — elle renaît dans un autre! Elle a marqué la France comme son berceau rénovateur, — accueillons-la donc avec des transports d'allégresse, avec des cris d'espoir, avec des chants de triomphe; — car, — grande et puissante elle-même, — elle donnera puissance et gloire à nos Provinces, et nous bénirons dans l'avenir la Décentralisation française!.....

KUNTZ DE ROUVAIRE.

RAPPORTS

AVEC

LA SOCIÉTÉ FRANÇAISE

Adresser livres, journaux, revues, manuscrits, lettres, demandes, consultations, — au siége général de la Société Française, — y joindre son adresse exacte; afin que les bureaux de l'œuvre puissent envoyer les comptes-rendus des livres, des travaux, des revues, — les réponses aux lettres, aux manuscrits; — les demandes de renseignements aux Libraires, Auteurs ou Imprimeurs, et enfin tous autres besoins du service relatif à toutes les sections de l'Administration.

(Envoyer et écrire toujours FRANCO.)

MARCHE ET PROGRÈS

DE LA

DÉCENTRALISATION FRANÇAISE

MARCHE ET PROGRÈS

DE LA

DÉCENTRALISATION FRANÇAISE

PRÉLIMINAIRES

Jusqu'ici Paris a fait l'édition des ouvrages marquants des hommes supérieurs et des intelligences secondaires produits par les Provinces toutes entières. Rien de mieux ! C'était faire rayonner les noms et les ouvrages des célébrités. — C'était par conséquent pour les uns la renommée certaine, pour les autres, — les libraires, — la fortune, — pour la France, — la gloire et la prépondérance! Mais les Provinces françaises, — dispersées çà et là, — se sont efforcées en vain de publier des œuvres disséminées comme elles-mêmes, — elles firent de vains efforts, — elles ne rayonnèrent pas au-delà des limites de leurs positions respectives...

Cela devait être.

Paris centralisant ses forces devait annuler les efforts des départements, — par ses grands succès européens. On n'a pas assez médité la fable du *Laboureur et ses Enfants*, de l'immortel Lafontaine. — Isolées, — les Provinces françaises ne sont rien, — unies, — elle sont plus que Paris, — car elles forment la France toute entière. Il s'agit de réunir ses forces et d'en former un faisceau puissant qui porte à Paris même, sa puissance, pour combattre la Centralisation parisienne. Tel est le but qui nous a guidé dans la fondation de la *Bibliothèque des Provinces!*...

SOCIÉTÉ FRANÇAISE.

Avant de publier un grand journal quotidien et la *Bibliothèque des Provinces*, — un premier noyau d'hommes marquants des départements se sont réunis en comité d'organisation pour la fondation d'une *Société française*, ayant pour but l'émancipation des Provinces et le triomphe de la Décentralisation. La Société est définitivement constituée, — ses statuts vont paraître, — l'émission des actions sera faite en souscription publique, — comme pour l'Isthme de Suez. Sans rapprochement aucun, — la France comprendra que notre but est encore plus grand et plus sérieux pour ses intérêts que la noble entreprise de M. de Lesseps. Ici ce sont les intérêts généraux de la Patrie, — sa grandeur et sa gloire qui sont en cause. Il s'agit de régénérer la France de fond en comble, — la *Société Française* se repose sur l'esprit du peuple français pour faire triompher ses vues et son entreprise.

La *Société Française* a donc pour but, de publier un journal politique et quotidien pour défendre les intérêts généraux de la France entière, — un journal rédigé par les hommes les plus intelligents des Provinces, — donnant chaque jour les vœux, l'expression des besoins et les aspirations de la patrie!...

BIBLIOTHÈQUE DES PROVINCES.

Ensuite de publier la *Bibliothèque des Provinces* où tous les écrivains français viendront faire paraître leurs ouvrages, — imprimés dans les départements, — mais édités sur l'étalon admis, — afin que tous les volumes soient d'un format uniforme, — comme les collections à un franc éditées à Paris. Le grand nombre du tirage permettra de les vendre au même prix. Les Provinces sont invitées dès maintenant à ne plus éditer de livres quelconques, — sans s'adresser à la *Société Française!*.., Elles y trouveront avantages sous tous les rapports, — les imprimeurs des localités comme les auteurs...

CONGRÈS DE LA DÉCENTRALISATION.

Enfin la *Société Française* devait fonder une tribune pour le triomphe de la Décentralisation. Elle a institué le *Congrès de la Décentralisation*, qui se réunira pour organiser sa première session, à Orléans (Loiret), au mois de septembre prochain. La date sera donnée ultérieurement. La *Société Française* recevra toutes les adhésions au siége central, — les souscriptions sont de dix francs pour les frais du congrès et l'impression des sujets qui y seront traités. Les adhérents auront droit à une carte d'entrée et au volume qui leur sera expédié à leur adresse qu'ils sont invités à faire connaître dès maintenant. La session du Congrès durera huit jours. Elle aura lieu après les séances du Congrès scientifique qui se réunira à Limoges. — Orléans, a été choisi comme Centre de la France. Les autres villes seront tirées au sort chaque année. Le Congrés de la Décentralisation ne se réunira qu'au chef-lieu de chaque département.

LA SOCIÉTÉ FRANÇAISE,

LA BIBLIOTHÈQUE DES PROVINCES,

LE CONGRÈS DE LA DÉCENTRALISATION,

Ont leur Siége à Paris,

18, RUE DE BUFFAULT, 18.

S'adresser à M. **KUNTZ DE ROUVAIRE**, Administrateur-Général de l'Œuvre.

Toutes les lettres, demandes, envois, doivent être affranchis.

www.ingramcontent.com/pod-product-compliance
Lightning Source LLC
Chambersburg PA
CBHW070519100426
42743CB00010B/1871